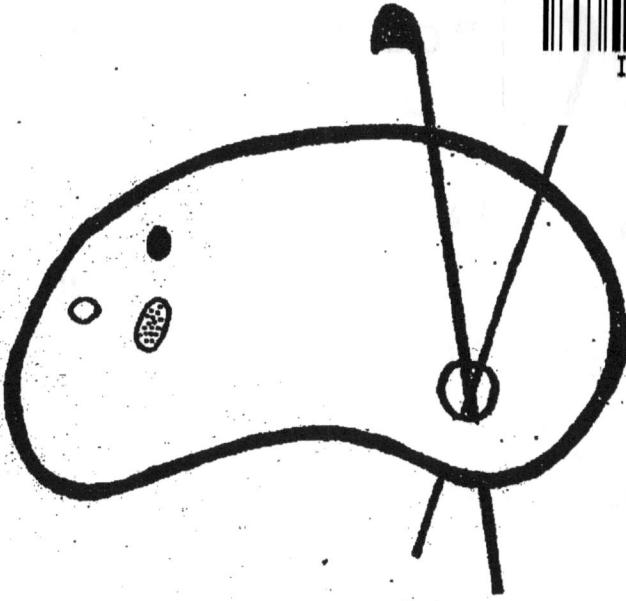

DEBUT D'UNE SERIE DE DOCUMENTS
EN COULEUR

SCIENCE ET RELIGION

Études pour le temps présent

L'HYPNOTISME TRANSCENDANT

DEVANT LA PHILOSOPHIE CHRÉTIENNE

par

A. JEANNIARD du DOT

ouvrage dédié

au Dʳ **Ch. HÉLOT**, auteur de *Névroses et Possessions diaboliques*

PARIS
LIBRAIRIE BLOUD ET BARRAL

4, RUE MADAME ET RUE DE RENNES, 59

1899

SCIENCE ET RELIGION

Etudes pour le temps présent

~~~~~~~~~~

Collection de vol. in-12 de 64 pages *compactes.*

Prix : **0** fr. **60** le vol.

————

Les revues et les journaux les plus importants de la presse conservatrice et catholique ont accueilli avec les plus grands éloges les **Etudes pour le temps présent.**

C'est avec la plus rigoureuse méthode scientifique — mais mise à la portée de tous les esprits quelque peu cultivés — qu'elles traitent les problèmes et les questions qui tourmentent l'âme contemporaine et déroutent les meilleurs esprits.

Le nom de l'auteur de chacune d'elles est une recommandation.

Dès l'apparition des premiers volumes, les **Etudes pour le temps présent** ont obtenu un succès dépassant toute espérance. « *Elles ne méritent pas seulement d'être lues,* a écrit dans l'*Univers* un excellent juge, M. Edmond BIRÉ, *ce sont des armes pour le bon combat; il faut les répandre.* »

Voici une liste des ouvrages parus récemment :

— **L'Apologétique historique au XIX' siècle. — La Critique irréligieuse de Renan** (*Les précurseurs* — *La vie de Jésus* — *Les adversaires* — *Les résultats*), par l'abbé Ch. DENIS, directeur des *Annales de philosophie chrétienne.* **1 vol.**

— **Nature et Histoire de la liberté de conscience,** par M. l'abbé CANET, docteur en philosophie et ès lettres de l'Université de Louvain, ancien professeur de théologie dogmatique au grand séminaire de Lyon. **1 vol.**

— **L'Animal raisonnable et l'Animal tout court,** *étude de psychologie comparée,* par C. DE KIRWAN. **1 vol.**

— **La Conception catholique de l'Enfer,** par M. BRÉMOND, docteur en théologie, professeur de dogme au grand séminaire de Digne, **1 vol.**

— **L'Eglise Russe,** par I.-L. GONDAL, professeur d'apologétique et d'histoire au séminaire Saint-Sulpice. **1 vol.**

— **La Fausse Science contemporaine et les Mystères d'Outre-tombe,** par le R. P. Th. ORTOLAN, O. M. I. **1 vol.**

— *Du même auteur :* **Vie et Matière ou Matérialisme et Spiritualisme en présence de la Cristallogénie.** **1 vol.**

— *Du même auteur :* **Matérialistes et Musiciens.** **1 vol.**

— **Le Mal,** sa nature, son origine, sa réparation. *Aperçu philosophique et religieux,* par M. l'abbé CONSTANT, docteur en théologie, lauréat de l'Institut catholique de Paris. **1 vol.**

— **Dieu auteur de la vie**, par M. l'abbé Thomas, vicaire général de Verdun. 1 vol.

— *Du même auteur* : **La Fin du monde d'après la foi et la science.** 1 vol.

— **L'Attitude du catholique devant la Science**, par G. Fonsegrive, directeur de la *Quinzaine*. 1 vol.

— *Du même auteur* : **Le Catholicisme et la Religion de l'Esprit.** 1 vol.

— **Du doute à la Foi**, le besoin, les raisons, les moyens, les devoirs, la possibilité de croire, par le R. P. Tournebize, S. J. 3ᵉ édition. 1 vol.

— **La Synagogue moderne**, sa doctrine et son culte, par A. F. Saubin. 1 vol.

— **Evolution et Immutabilité de la doctrine religieuse dans l'Eglise**, par M. Prunier, supérieur au grand séminaire de Séez. 1 vol.

— **La Religion spirite**, son dogme, sa morale et ses pratiques, par I. Bertrand. 1 vol.

— **L'Hypnotisme franc et l'Hypnotisme vrai**, par le docteur Hélot, auteur de *Névroses et Possessions diaboliques*. 1 vol.

— **Convenance scientifique de l'Incarnation**, par Pierre Courbet, ancien élève de l'Ecole polytechnique. 1 vol.

— **L'Eglise et le Travail manuel**, par l'abbé Sabatier, du clergé de Paris, docteur en droit canon. 1 vol.

— **L'Inquisition**, son rôle religieux, politique et social, par G. Romain, auteur de : *L'Eglise et la Liberté*. 1 vol.

— **Unité de l'espèce humaine** *prouvée par la similarité des conceptions et des créations de l'homme*, par le marquis de Nadaillac. 1 vol.

— **Le Socialisme contemporain et la Propriété.** — *Aperçu historique*, par M. Gabriel Ardant, auteur de la *Question agraire*. 1 vol.

— **Pourquoi le Roman immoral est-il à la mode et pourquoi le Roman moral n'est-il pas à la mode ?** *Etude sociale et littéraire*, par G. d'Azambuja. 1 vol.

Ouvrages précédemment parus:

— **Certitudes scientifiques et Certitudes philosophiques**, par le R. P. de la Barre, S. J., professeur à l'Institut catholique de Paris. 2ᵉ édition. 1 vol.

— **L'Ame de l'homme**, par J. Guibert, supérieur du séminaire de l'Institut catholique de Paris. 2ᵉ édition. 1 vol.

— **Faut-il une religion ?** par M. l'abbé Guyot, ancien professeur de théologie. 2ᵉ édition. 1 vol.

— *Du même auteur* : **Pourquoi y a-t-il des hommes qui ne professent aucune religion ?** 2ᵉ édition. 1 vol.

— **Nécessité scientifique de l'existence de Dieu**, par P. Courbet, ancien élève de l'Ecole polytechnique. 2ᵉ édition. 1 vol.

— *Du même auteur* : **Jésus-Christ est Dieu.** 2ᵉ édition. 1 vol.

— **Etudes sur la pluralité des mondes habités et le dogme de l'Incarnation**, par le R. P. Ortolan, docteur en théologie et en droit canonique, lauréat de l'Institut catholique de Paris, membre de l'Académie de Saint-Raymond de Pennafort. 2ᵉ édition.　　3 vol.

I. — *L'Epanouissement de la vie organique à travers les plaines de l'infini.*　1 vol.

II. — *Soleils et terres célestes.*　1 vol.

III. — *Les Humanités astrales et l'Incarnation.*　1 vol.

Chaque vol. se vend séparément.

— **L'Au-delà ou la Vie future d'après la foi et la science,** par M. l'abbé J. LAXENAIRE, docteur en théologie et en droit canon, et de l'Académie de Saint-Thomas-d'Aquin, professeur au grand séminaire de Saint-Dié. 2ᵉ édition.　1 vol.

— **Le Mystère de l'Eucharistie. — Aperçu scientifique,** par M. l'abbé CONSTANT, docteur en théologie, lauréat de l'Institut catholique de Paris. 2ᵉ édition.　1 vol.

— **L'Eglise catholique et les Protestants,** par G. ROMAIN, auteur de : *L'Eglise et la Liberté* et *Le Moyen Age fut-il une époque de ténèbres et de servitude ?* 2ᵉ édition.　1 vol.

— **Mahomet et son œuvre,** par I. L. GONDAL, professeur d'apologétique et d'histoire au séminaire Saint-Sulpice. 2ᵉ édition.　1 vol.

— **Christianisme et Bouddhisme** (*Etudes orientales*), par M. l'abbé THOMAS, vicaire général de Verdun. 2ᵉ édition.　2 vol.
Première partie : *Le Bouddhisme.*
Deuxième partie : *Le Bouddhisme dans ses rapports avec le christianisme. — Ascétisme oriental et ascétisme chrétien.*

— **Où en est l'hypnotisme,** son histoire, sa nature et ses dangers, par A. JEANNIARD DU DOT, auteur du *Spiritisme dévoilé.* 2ᵉ édit. 1 vol.

— *Du même auteur :* **Où en est le Spiritisme,** sa nature et ses dangers. 2ᵉ édition.　1 vol.

Viennent de paraître :

— **L'Ordre de la nature et le Miracle,** faits surnaturels et forces naturelles, chimiques, psychiques, physiques, par le R. P. DE LA BARRE, S. J., professeur à l'Institut catholique de Paris.　1 vol.

— **L'Homme et le Singe,** par M. le marquis de NADAILLAC. 2 vol.

— **Opinions du jour sur les peines d'outre-tombe.** *Feu métaphorique — Universalisme — Conditionnalisme — Mitigation,* par le P. TOURNEBIZE, S. J.　1 vol.

— **Comment se sont formés les Evangiles.** *La question synoptique — L'Evangile de Saint Jean,* par le P. TH. CALMES, professeur au grand séminaire de Rouen.　1 vol.

— **Le Talmud et la Synagogue moderne,** par A. F. SAUBIN.　1 vol.

— **L'Occultisme ancien et moderne.** *Les mystères religieux de l'antiquité païenne — La kabbale maçonnique — Magie et magiciens fin de siècle,* par I. BERTRAND.　1 vol.

— **L'Hypnotisme transcendant en face de la philosophie chrétienne,** ouvrage dédié au Dʳ CH. HÉLOT, par A. JEANNIARD DU DOT.　1 vol.

Imp. des Orph.-Appr., D. Fontaine, 40, rue La Fontaine, Paris-Auteuil.

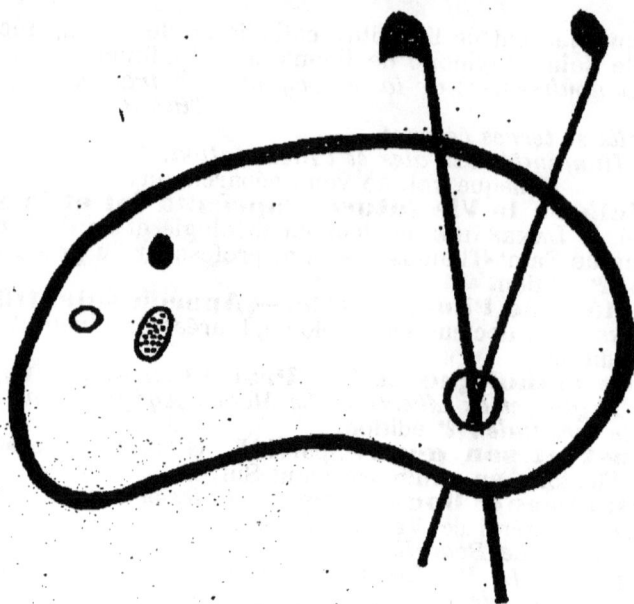

FIN D'UNE SERIE DE DOCUMENTS
EN COULEUR

SCIENCE ET RELIGION

Études pour le temps présent

L'HYPNOTISME TRANSCENDANT

DEVANT LA PHILOSOPHIE CHRÉTIENNE

par

A. JEANNIARD du DOT

ouvrage dédié

au D^r Ch. HÉLOT, auteur de *Névroses et Possessions diaboliques*

PARIS
LIBRAIRIE BLOUD ET BARRAL
4, RUE MADAME ET RUE DE RENNES, 59

—

1899

IMPRIMATUR

Nannetis die xiv Januarii 1899.

P. M. Leroux, v. g.

A Monsieur le Docteur HÉLOT

Auteur de « Névroses et Possessions »

L'admirateur de son savoir,
de son grand sens
et encore plus de son courage.

A. Jeanniard du Dot.

AVERTISSEMENT

En étudiant l'hypnotisme d'après les expériences d'autrui, ce qui nous a frappé de plus en plus, c'est l'obscurité de la matière. D'où vient cette obscurité ? Est-elle inhérente à la chose même ? Pourra-t-elle être jamais dissipée ? Est-ce là l'aurore d'une science d'observation ou la nuit d'une éternelle ignorance ? Pouvons-nous dire seulement avec le vieil Homère :

Déjà la nuit blanchit à l'approche du jour ?

Faut-il surtout imiter ceux qui préludent à la science future par de brillantes hypothèses consacrées à l'explication naturelle des phénomènes transcendants du somnambulisme, laissant, d'ailleurs, à l'avenir le soin de confirmer ou de remplacer leurs théories et poussant peut-être jusqu'à l'héroïsme cette vertu suprême, que Buffon prenait pour le génie : la patience ?

La patience est faite d'espérance, a dit V. Hugo. — Et l'espérance est faite de foi, ajouterons-nous.

L'espérance chrétienne est dans la foi comme dans sa substance ; elle est sûre comme son objet. L'espérance humaine est craintive et avec raison : sa substance est fugitive et incertaine. Pour espérer dans un homme, il faut le connaître. Pour espérer dans un fait, il faut l'entrevoir, ou dans son commencement ou tout au moins dans la cause probable qui le promet.

Nous n'examinerons point *ex professo* si l'hypnotisme contient, selon ces principes, des motifs suffisants d'espérance. Notre opinion pourra néanmoins se former sur ce point délicat, tandis que nous chercherons à nous rendre compte de la nature des faits les plus singuliers de sa phase transcendante, particulièrement de la suggestion mentale.

Si nous venons, après les maîtres, apporter aussi nos réflexions sur un sujet si difficile, mais qui s'impose à l'attention des philosophes, c'est qu'au trésor de la science comme à celui du temple, le riche doit son talent et le pauvre son obole.

INTRODUCTION

Nous devrions peut-être commencer par définir l'*hypnotisme transcendant*, qui fait l'objet de cette étude. Un titre doit être d'abord expliqué. Cependant une telle définition ne nous semble pas facile. L'*hypnotisme transcendant*, ne serait-ce pas tout le contraire de l'*hypnotisme franc* dont le P. Coconnier nous a fait si brillamment l'histoire, la philosophie et la théologie ? Nullement : nous dirions plutôt que c'est sa greffe. Mais ce pourrait bien être aussi sa maladie et son excroissance. Il y a plus : ce pourrait être encore sa simple croissance.

Contentons-nous de limiter approximativement, avant toute étude et à première vue, le champ de notre excursion et disons avec l'incertitude du voyageur qui part pour une terre encore peu connue : nous entendons par *hypnotisme transcendant* celui que la physiologie ne peut expliquer d'une manière satisfaisante pour tous les esprits.

En effet, si riches de science que soient les explications données de la suggestion à terme, des effets physiques de la suggestion ou de l'inhibition, et peut-être surtout de l'existence de la suggestion mentale : voilà des phénomènes qui ne sont pas encore, qui ne seront peut-être jamais *liquidés*. Nous essaierons, nous aussi, comme d'autres, d'opérer cette *liquida-tion* en les attribuant à qui de droit.

Mais ce qui rend tout d'abord pour nous, comme pour tout autre, la définition difficile, nous allions dire impossible, c'est qu'avant une étude sérieuse, toute classification ne peut être que provisoire et ce qui est transcendant pour l'un sera tout simple pour l'autre. Il en résulte que nous ne pouvons définir, au moins en ce moment, qu'à notre point de vue, con-testable pour tant d'autres, et dire, en serrant d'un peu plus près la question : ce que nous appelons *hypnotisme transcendant*, c'est toute opération qui dépasse la suggestion hypnotique ou vigile immédiate ou à terme très court ; et dans cette suggestion même, c'est le pouvoir exclusif et absolu de l'hypno-tiseur. En d'autres termes et plus philosophiquement : c'est ce qui dépasse, dans l'hypnotisme, les pouvoirs connus de la nature humaine. Ce sera peut-être tout l'hypnotisme : mais doit-on reculer devant les con-séquences d'un principe une fois admis ?

Malgré les progrès continus de la science, com-parée par Pascal à un seul homme qui apprend tou-jours, il nous semble que la nature humaine a été connue tout d'abord dans son ensemble physique et moral. C'est une proposition que nous développerons dans cette courte étude, et c'est sur cette connais-sance qui nous est commune avec tout le monde que nous pensons établir la nature et la qualité de l'hypno-tisme transcendant, ce qui nous permettrait de don-

ner enfin comme acquise la définition que nous ne
pouvons qu'indiquer ici à titre provisoire et de dire,
au cas où la logique nous y contraindrait, si ce mot
transcendant doit servir à classer et à diviser l'hypnotisme ou à le caractériser tout entier ; en d'autres
termes, si l'hypnotisme, dans ce qu'il a de naturel,
n'est pas simplement le don de persuader porté à ses
dernières limites et fondé sur la force de l'hypnotiseur
et la faiblesse de l'hypnotisé ; si tout effet qui échappe
à cette explication peut appartenir à la force humaine.
Ce dont il résulterait que les deux hypnotismes, tant
le naturel que l'extranaturel, ont toujours existé et
coexisté, comme deux fleuves qui se côtoient et souvent se confondent.

L'HYPNOTISME TRANSCENDANT

I

IMPOSSIBILITÉ NATURELLE DE LA SUGGESTION MENTALE.

La suggestion mentale est un fait acquis à la certitude et à l'histoire, nous ne disons point : à la science physiologique. Elle est prouvée par les expériences d'Ochorowicz, Pierre Janet, Myers, Gibert, Husson, (car nous ne voulons parler que des savants officiels) et ce, nonobstant les négations gratuites de nombreux docteurs en médecine et en théologie, autosuggestionnés par le préjugé et l'amour-propre scientifique de notre époque qui nie trop aisément ce qu'elle ne peut expliquer.

Nous voyons parfois de saints et savants ecclésiastiques s'imaginer, bien à tort, que le moyen de faire admettre les démons dans l'Évangile, c'est de les chasser rigoureusement et d'emblée de partout ailleurs. Mais c'est là une opération toute subjective, et l'on a beau les chasser en théorie : *s'ils y sont, ils y restent.*

Or la suggestion mentale étant admise, avec tant d'autres médecins et théologiens éminents et impartiaux, avec Mgr Méric nommément qu'on pourrait appeler le classique chrétien de l'hypnotisme, examinons si elle peut à aucun titre passer pour naturelle.

Rappelons-nous d'abord que la nature humaine, comme toutes les natures imaginables, est inamissible et que ce qui pourrait en changer les conditions du tout au tout, et non pas d'un à cent degrés, la détruirait. La nature, c'est l'être lui-même. L'être est telle ou telle nature réalisée : l'être qui perdrait sa nature se perdrait lui-même.

Or, nous le demandons, peut-il être naturel à l'homme de percevoir la volonté ou la pensée d'un autre homme sans parole, sans signe ? Peut-il les percevoir au moyen des images de son propre cerveau vibrant à l'unisson de celles d'un autre cerveau ?

D'abord sait-on bien ce que sont les images ? L'image n'est-elle pas tout autre chose en elle-même

que la vibration avec laquelle elle serait nécessairement en rapport, comme la pensée est tout autre
chose en elle-même que l'image avec laquelle elle
est liée ?

Il nous semble que l'imagination est une faculté à
la fois sensible et intellectuelle dans l'homme : il y a
quelque chose qui harmonise sa machine ; chez l'animal, ce n'est que l'âme sensitive ; chez l'homme,
c'est l'âme raisonnable, et le moindre de ces deux
principes sera toujours un inconnu pour la physique.

Nous permettra-t-on un argument tiré d'une notion théologique incontestée ? Les anges eux-mêmes
ne voient que les pensées qu'on veut bien leur laisser
voir ; ils n'ont des autres qu'une divination incertaine et ils les conjecturent, dit saint Thomas, à des
signes subsistants.

Ces signes sont-ils les signes physiologiques, les
vibrations cérébrales qui accompagneraient ou déter-
mineraient les images ? Si l'homme pouvait y lire la
pensée, à plus forte raison, l'ange ; mais alors il n'y
aurait plus rien de caché pour lui en nous, notre
pensée lui serait un livre ouvert, même malgré
nous.

Mais comme il est certain théologiquement que

les anges peuvent, d'une part, voir à volonté les mouvements de notre cerveau, par un acte d'attention, et, d'autre part, ne connaissent pas réellement nos pensées, il faut en conclure que ces mouvements vibratoires du cerveau ne les révéleraient pas.

Comment donc, *à fortiori*, la sensation que j'aurais des vibrations cérébrales d'un autre, par les vibrations sympathiques de mon cerveau, me communiquerait-elle à moi sa pensée ?

Puis, quelle que soit la nature de l'imagination, elle est trop distincte de la pensée pour ne pouvoir pas se manifester sans la montrer, et le même fond d'images peut accompagner les pensées les plus diverses, accompagne même nécessairement les deux pensées diamétralement opposées : l'affirmation et la négation d'une même chose.

Il est très vrai que le mot conçu et non prononcé de l'affirmation et de la négation interne est déjà lui-même une image, mais une image si purement auditive qu'elle n'est pas perceptible sous une autre forme : celui qui la conçoit croit déjà l'entendre de sa propre bouche et celui qui l'écrit ou qui la lit la prononce en lui-même.

Serait-elle pourtant perceptible à l'ange sous une forme transcendante et suréminente ? — Non ; car si elle l'était, la propriété de la pensée individuelle ne serait plus sauvegardée et la doctrine thomiste la plus incontestée serait mise en défaut.

— Mais ici, dira-t-on, c'est tout différent ; l'hypnotiseur livre volontairement sa pensée : cela suffit pour être entendu. — Cela suffirait pour l'ange, non pour l'homme. Le premier n'a pas réellement besoin d'un signe, il n'a besoin que d'une permission pour voir ou entendre notre pensée, même sous sa forme intime, qui n'est jamais, d'ailleurs, entièrement immatérielle, et qu'il pourrait voir encore, avec notre permission, même si elle était entièrement immatérielle, comme il voit spirituellement la pensée toute spirituelle d'un autre ange qui la lui ouvre volontiers. Saint Thomas ne prétend point, assurément, que l'ange ne peut naturellement nous entendre, sinon par des signes posés entre notre pensée et son intelligence, quand il affirme que l'ange ne peut conjecturer notre pensée que d'après des *signes subsistants*. Cette nécessité pour lui ne résulte que de notre défaut de consentement à ce qu'il lise en nous, c'est un obstacle que nous lui opposons, et son intelligence, si puissante, se heurterait à la même barrière chez les autres anges, même inférieurs à lui. Mais l'image auditive ou visive est essentielle à notre pensée qui ne peut être communiquée à l'homme humainement sous une autre forme. Le télégraphe, comme l'écriture, supposent la parole, ils ne la remplacent pas. L'homme est toujours l'*âme parlante* des Hébreux, l'*articulateur* de l'*Iliade*.

Le progrès nous laisse, au fond, tels qu'il nous a trouvés : les outils qu'il accumule entre nos mains ne nous donnent pas un membre ni un sens de plus. Il faudra donc toujours parler à l'homme selon que sa nature le comporte. Aussi, frappée de l'impossibilité d'une conversation directe et mutuelle des âmes, la science, avec le docteur Féré, suppose-t-elle un véhicule matériel qui transporte la pensée de l'hypnotiseur à l'hypnotisé ?

Que les images soient physiologiquement, comme il le veut, le résultat des vibrations du cerveau, passe encore. Mais il y a vibrations et vibrations : celles de la lumière sont visives, celles du son auditives, celles de l'imagination ne peuvent être qu'imaginatives. Mais quel inconnu ! Ce qui est certain, c'est qu'étant matérielles (car on ne conçoit pas une vibration morale), elles seraient, comme telles, soumises à la loi des distances qui diminuent et éteignent les vibrations, quelles qu'elles soient, et à la loi des obstacles qui les arrêtent. Elles ne pourraient donc agir tout au plus que sur des cerveaux voisins et dans un même local. Or l'empire de la suggestion mentale semble se railler et des distances et des obstacles : elle franchit plusieurs lieues et traverse des murailles interposées entre le suggestioniste et le sujet.

Il faudrait donc, pour expliquer la suggestion mentale dans toute son étendue, supposer une action qui fût indépendante de tout obstacle matériel et qui ne pût être diminuée par la distance. Or l'action d'un pur esprit seule est dans ce cas. Il atteint par sa seule puissance le moyen dont il se sert pour arriver à sa fin, non point par l'usage d'un membre ou d'un organe quelconque qui est déjà un premier moyen. Son acte initial est immatériel comme lui. Le nôtre est semi-matériel comme nous.

Ainsi, pour lui, nul besoin d'images correspondantes dont les vibrations éveillent dans le cerveau du sujet des vibrations identiques. Il peut, par une opération immédiate, éveiller directement les images dans le cerveau du sujet. La science de l'ange est universelle par rapport aux choses de la nature : il connaît donc dans le cerveau la cellule à mettre en jeu pour éveiller telle image ; il sait peut-être même, ce que nous ne savons guère, la place du mot conservé par la mémoire comme l'imperceptible pli que laisse la note souvent répétée sur la corde qu'elle a fait vibrer : il connaît, enfin, le mouvement à obtenir et il a la puissance de le produire. Il joue de la cervelle humaine comme d'une harpe qu'il pince directement, tandis que le docteur qui joue de sa propre cervelle, à deux lieues de distance, est vraisemblablement incapable d'en propager les ondes sonores assez loin pour faire vibrer à l'unisson les cordes cérébrales du sujet.

Le point capital de la difficulté dans la suggestion mentale, c'est l'absence du véhicule normal nécessaire à charrier la pensée d'homme à homme. L'école aristotélicienne, que nous vénérons comme la plus grande et que nous suivons comme la plus sûre, ne dit point que la communication des idées se puisse établir d'âme à âme par un moyen matériel quelconque, mais bien par un moyen déterminé et qu'elle détermine, et qui consiste en un processus de l'image intérieure à la parole ou au geste qui agit sur la seconde personne au moyen de ses sens et arrive, par le chemin de son imagination, jusqu'à son âme intelligente. Ce n'est pas comme dans les administrations où l'on peut sans inconvénients et même avec quelques avantages supprimer des rouages intermédiaires : ici, tout au contraire, un seul enlevé, la communication cesse.

Qui donc aurait le pouvoir de supprimer ces conditions de la conversation humaine, hors Celui qui les a posées en nous créant ? Et c'est ou la volonté d'un homme ou une espèce de maladie qui créerait cette exemption ? Certes, la cause serait inférieure à son effet. Si l'intermédiaire naturel est supprimé et que la communication soit encore possible, c'est qu'il est remplacé par un autre plus puissant. Si la pensée n'a pas sa traduction naturelle et si elle est pourtant comprise, c'est qu'il y a un truchement, et nous n'avons pas lieu de croire que ce soit un ange gardien.

Qui est-ce donc, en effet, qui se permet de troubler de la sorte l'œuvre de Dieu qu'il ne peut détruire ? Est-ce là l'action de l'homme ? Non : l'acte initial de l'homme est semi-matériel comme lui, et le principe de son action, c'est sa pensée, esclave de l'imagination dans sa production, esclave encore des images et des mots dans son expression. Qui donc a donné ainsi à l'homme un sens nouveau pour percevoir en dehors de cette condition native la pensée d'autrui ? *L'opération suit l'être :* la suggestion mentale n'est

2

pas humaine, parce qu'elle n'opère pas comme fait la nature humaine.

———

II

IMPOSSIBILITÉ NATURELLE DE LA VISION A DISTANCE, ETC. — HYPNOTISEURS ET SORCIERS.

La même raison s'applique à bien d'autres phénomènes de l'hypnotisme transcendant.

La vue des choses absentes est un des dons les plus ordinaires des somnambules lucides, don purement apparent, d'ailleurs. Car une hyperesthésie qui permettrait de voir à dix lieues dans l'intérieur d'une maison et même dans l'intérieur d'un corps, n'aurait aucune proportion avec les hyperesthésies qu'on peut constater directement et régulièrement, et qui sont souvent accompagnées d'une modification visible des organes.

Ici, on ne prétend la prouver que par un fait qui a lui-même besoin de preuves. Comment croire, du premier coup, que c'est bien l'hypnotique qui voit tout cela et de cette façon si peu ressemblante aux conditions ordinaires de la vision?

Qu'on me prouve ce fait de la vision et il prouvera fort bien celui de l'hyperesthésie. En attendant, je croirai comme plus vraisemblable qu'un autre a vu pour le sujet et lui dit ce qu'il a vu. Les sujets mêmes l'ont plus d'une fois avoué et nous n'avons, pour notre part, nul besoin de leur aveu.

S'il est des procédés et des appareils pour rendre les corps opaques transparents et pour rapprocher les objets éloignés, ils ne seront jamais suppléés dans une telle mesure par les sens humains abandonnés à eux-mêmes. Il faudrait que ceux-ci changeassent de nature, et comprend-on bien la force de cette expression ? Il faudrait, en d'autres termes, les anéantir et puis les *recréer* : opération que Dieu seul pourrait faire et qu'il ne fera pas : possible à sa toute-puissance, un tel œuvre répugne à sa bonté comme à sa sagesse ; il ne défait pas les espèces qu'il a faites : *Nihil odisti eorum quœ fecisti.*

Rien ne saurait changer la nature humaine ni aucune autre nature : la changer, ce serait la détruire, et rendre l'homme capable de converser comme les anges qui se montrent leur pensée dans sa forme intime, ce serait la changer. Or, c'est la forme intime de la pensée humaine qui se montrerait dans une communication sans parole et sans geste. Donc

ce mode de conversation n'est pas humain, car il
changerait la nature humaine.

De même, on peut supposer la surexcitation des
sens à tous les degrés, mais le changement de l'un en
l'autre est une pure absurdité. Que l'on en ait l'illu-
sion, c'est très possible ; mais elle ne peut résulter
que d'une hallucination, soit naturelle, soit démoniaque : l'une ou l'autre est possible et ne peut être dé-
terminée que d'après les faits ; mais il n'y a pas d'al-
ternative entre les deux : c'est à choisir.

De même encore, l'homme ne saurait voir directement l'avenir qui n'est présent qu'à Dieu ; les
anges mêmes ne le devinent que dans ses causes
présentes, et jamais, d'ailleurs, ils ne le prédisent si
bien que lorsqu'ils ont l'intention d'agir eux-mêmes
sur cet avenir, en y produisant des faits qui ne dépas-
sent pas leur pouvoir. Dans la mesure de ses propres pouvoirs, l'homme en peut faire autant.

Rien ne saurait changer, nous le répétons, la nature humaine, et le progrès de la science n'y pourra
rien. La science est un trésor toujours accru qui
remplit sans cesse la main de l'homme, elle conti-
nuera d'enrichir sans cesse cette main déjà si riche,
mais elle ne saurait ni l'allonger, ni l'élargir, elle ne

saurait surtout la modifier en elle-même au point de lui faire pousser des yeux au bout des doigts.

Il est bien vrai que nous avons, outre les cinq sens, des sens vagues qui ne sont pas et ne seront peut-être jamais classés ; mais au-dessus de tous les sens ou matériels ou semi-matériels, il y a le bon sens qui discernera toujours ce qui est humain de ce qui ne l'est pas. C'est cette faculté, si puissante chez lui, que Napoléon, à Sainte-Hélène, appliqua un jour à discerner ce qu'il y a de surhumain dans la personne de Jésus-Christ. Il le fit, dit Lacordaire, « avec une éloquence qu'aucun Père de l'Eglise n'eût surpassée ». Et Lacordaire lui-même n'a pu résumer qu'imparfaitement cette page si riche d'apologétique chrétienne où rien n'est à changer. Après avoir relevé les *différences caractéristiques* de l'Homme-Dieu avec les grands hommes de l'histoire et lui-même, Napoléon dit à Bertrand, non pas : « Je me connais en hommes », comme le lui fait dire Lacordaire, ce qui signifierait : « Je sais distinguer les hommes entre eux », mais bien « Je connais les hommes », je connais la nature humaine, « et je vous dis que Jésus n'est pas un homme. »

Cet argument qui s'applique si bien au Verbe incarné peut et doit s'appliquer à l'ange, non point incarné, mais agissant dans l'homme.

L'hypnotisme n'est pas nouveau, sans doute. En parcourant les vieux procès de sorcellerie que le bibliophile Jacob a souvent trouvés si sagement instruits, si judicieusement conduits, que de cas d'hypnotisme on rencontrerait ! Les monstres comme Castellan (1) n'y sont pas rares. Au lieu de les condamner aux galères, on les condamnait au feu, voilà la différence. Verra-t-on dans ces monstres des deux sexes, pourvus de tous les vices et des plus étranges moyens de les satisfaire, les uns, fort rusés sans être fort intelligents, d'autres étonnants par les ressources vraiment ingénieuses de leur esprit, d'autres enfin stupides comme des brutes, les précurseurs de la science moderne ?

Comment nos pères, qui ne se doutaient pas de l'hypnotisme, mais qui croyaient au diable, n'eussent-ils pas plutôt pensé à la magie qu'à la physiologie, en présence de criminels n'ayant rien d'éminent dans les caractères qui leur étaient communs, sinon

(1) Castellan, condamné aux travaux forcés pour s'être fait suivre d'étape en étape par une jeune fille au moyen de l'hypnotisme. Voir Bernheim, et notre opuscule *Où en est l'hypnotisme*, chez Bloud et Barral.

l'audace du crime ? Savants et ignorants, parmi eux, stupides ou intelligents, tous avaient la même marque de la bête : il ne s'agissait que de savoir la lire et il n'est pas étonnant, d'ailleurs, que plus d'un juge s'y soit trompé jusqu'à prétendre la rencontrer où elle n'était pas et à prendre des innocents pour des coupables, comme cela se rencontre encore aujourd'hui, même en des jugements criminels. En brûlant le sorcier simplement comme sorcier, quand rien ne paraissait d'autrement condamnable dans sa vie, ces juges ont mérité peut-être les critiques sévères de Malebranche (1), sans parler du sarcasme de Voltaire affirmant qu'ils n'étaient point eux-mêmes *sorciers.*

A en croire M. Schneider, la suggestion serait le seul et unique secret de la sorcellerie du Moyen Age ; les sorciers n'étaient que des malades ou bien des scélérats « déguisant leurs méfaits sous le voile d'une science mystérieuse (2). Le *charme de taciturnité*, constaté chez les sorciers au milieu des tortures, pouvait bien n'être qu'une auto-suggestion (3). Par suggestion s'expliqueraient et les maladies imaginaires,

(1) *Recherche de la Vérité,* Livre de l'*Imagination,* chapitre des *Sorciers imaginaires.*

(2) *L'Hypnotisme,* Delhomme et Briguet, éditeurs p. 300.

(3) p. 309.

et les guérisons et les philtres, et les apparitions d'esprits, et jusqu'à ces témoignages avec serments et ces aveux si compromettants pour le sorcier lui-même. L'hypnotisme peut facilement reproduire toutes ces scènes de sorcellerie : le loup-garou, l'aiguillette, etc., etc., le breuvage d'épreuve, » etc., etc. (1).

« La part ainsi faite de la méchanceté humaine et du charlatanisme, des causes naturelles de la suggestion par autrui ou par soi-même, ajoute textuellement l'abbé Schneider, que reste-t-il de la sorcellerie ? Y a-t-il un résidu inexpliqué ? »

Ce *résidu* serait le pacte, mais il ne le nomme même pas, fût-ce à titre de résidu, et l'Église y voit cependant la base de la magie.

Le même auteur nous raconte, sur la foi du chirurgien-major Laurent, que huit cents soldats endormis dans un lieu malsain, sur les ruines d'une vieille abbaye qu'on disait hantée, ont tous vu, les deux mêmes nuits consécutives, un énorme chien noir leur passer sur le ventre. Est-il possible d'admettre que huit cents hommes, dont les états subjectifs ne pouvaient être identiques, aient rêvé dans ces deux mêmes nuits consécutives le même rêve naturellement ?

(1) p. 311.

Loin de voir un auto-suggestionné dans le sorcier, d'autres ont incliné plutôt à voir quelquefois dans le suggestioniste, un sorcier. C'est ce que M. l'abbé Blanc, dans sa conférence sur la suggestion hypnotique, explique mieux que personne :

« Il est évident, dit-il, que l'hypnotiste fait jouer les muscles, les nerfs, toutes les facultés de son sujet, sans savoir comment. Il ressemble à celui qui se sert du télégraphe ou du téléphone sans avoir aucune notion de physique. L'ignorant qui parle au téléphone sait bien qu'il sera entendu à cent kilomètres de là : mais en vertu de quelle force et de quelle loi ?... L'hypnotiste sait bien qu'en intimant à son sujet l'ordre d'accomplir immédiatement ou dans huit jours tel ou tel acte, cet acte s'accomplira plus ou moins probablement. Mais la nature physique ou physiologique du sujet comporte-t-elle ce résultat ? Il le présume, et n'a pas en somme d'autre preuve et d'autre théorie que le fait. Il peut sembler, au contraire, que la nature humaine, telle qu'elle nous était connue jusqu'ici, n'en est pas capable par elle-même et qu'elle s'additionne d'une autre force. On a beau me dire que tout est naturel dans la suggestion à échéance, puisque l'ordre donné est inscrit dans le cerveau comme dans un phonographe... Non, quoique des théologiens et des philosophes se tiennent pour satisfaits, je ne reconnais point dans les phénomènes de la suggestion les lois à nous connues de la nature humaine ; je soupçonne plutôt l'influence d'une nature occulte et supérieure qui se sert de facultés qui sont naturelles, il est vrai, mais pour une œuvre qui ne l'est pas... »

Voilà donc, pourrait-on dire, un *sorcier sans le savoir.*

Le fait est que nombre de procès de sorcellerie ont prouvé des faits que nous ne saurions encore attribuer à la physique ou à la physiologie, d'autres qui sont radicalement impossibles à la nature humaine. Penser que les auteurs de ces faits fussent plus savants qu'on ne l'est aujourd'hui, c'est déjà difficile ; mais qu'ils aient pu, dans leurs actions, surpasser naturellement la nature humaine, c'est tout à fait impossible. Ainsi l'on ne peut pas dire que toutes les raisons qui eurent autrefois force de conviction, aient été annulées par les progrès de la science physique. Non, la science a beau avancer de toutes parts, semblable à un océan sans reflux, elle n'aura rien gagné de ce côté tant qu'elle n'aura pas montré par raisons fermes que, grâce à l'hypnotisme, il est possible désormais à l'homme de sortir, par échappées, même fugitives, de sa propre nature.

Nous n'ajouterons qu'un mot. Ceux qui associent la nature humaine aux facultés des purs esprits et aux attributs de la Divinité, dans le somnambulisme lucide, verront peut-être un jour, dans la logique de leurs songes, la brute hypnotisée à l'état lucide participante des facultés humaines : pensée et raison. Et pourquoi pas ? Il n'est pas plus impossible de rendre la nature animale raisonnable, de sensitive qu'elle est, que de rendre la nature humaine, de raisonnable et progressive, omnisciente dans l'ordre naturel, comme l'ange, ou omniprésente comme Dieu. Le progrès peut monter encore, nous le défions d'en arriver là.

III

STIGMATES PAR SUGGESTION. — L'OBSCURITÉ DE LEURS CAUSES. — L'HYPNOTISME IMPOSÉ.

Que dirons-nous des stigmates par suggestion ? N'a-t-on pas démontré que pour obliger le sang à se porter en tel ou tel endroit et quelque petit vaisseau à se rompre au point désigné, il suffit de vouloir, et l'hypnotique emprunte de l'hypnotiseur cette force de modifier par la volonté seule sa propre physiologie ?

Mais quand on a prouvé l'action des n⸱ ⸱ vaso-moteurs, sur le cours du sang, on n'a pas tout fait. De la correspondance mutuelle des deux systèmes nerveux et sanguin à une puissance suffisante du cerveau pour mettre en jeu ce premier système par un acte de volonté, il n'y a pas de lien logique.

Serait-ce la volonté de l'hypnotiseur qui aurait cette puissance, indirecte, il est vrai, sur la circulation d'autrui, ou la force de l'hypnotisé qui pourrait diriger à son gré son propre sang ?

Nous n'avons point osé (dans l'opuscule : *Où en est l'hypnotisme*) nous prononcer sur ce fait non plus que sur les faux vésicatoires agissant par suggestion, ni sur les vrais neutralisés par inhibition. Il ne nous semblait pas prouvé que l'imagination, du moins, sinon la volonté, ne pût opérer de tels effets. Le docteur Ch. Hélot, dont l'autorité est si imposante, croit (1) que ni l'imagination ni la volonté ne sauraient produire de semblables résultats.

De ce que, par exception, certaines personnes

_____

(1) *Névroses et Possessions diaboliques,* chez Bloud et Barral.

peuvent momentanément dominer leur système respiratoire et circulatoire, au point d'accélérer ou de retenir un instant le mouvement si spontané du cœur, inférer la puissance chez l'hypnotique de diriger l'afflux de son sang et de déterminer la rupture de vaisseaux là où il veut et non pas ailleurs, avec une précision géométrique, ne serait-ce pas, en effet, s'exposer à conclure du moins au plus ?

La volonté humaine a peu de prise sur cette partie de l'organisme personnel. Et qui ne sait qu'au contraire la volonté angélique en a beaucoup sur tout notre corps ? La présence exclusive des deux facteurs n'est prouvée ici qu'à ceux qui ne croient pas au démon. Et qui ne connaît sa puissance et sa malice ? On ne l'invoque pas, soit ; mais, comme dit une ignorante inspirée, Catherine Emmerich, « le magnétisme touche à la magie : on n'y invoque pas le démon, mais il vient de lui-même ». S'il en est ainsi, que reste-t-il à faire à l'égard de l'hypnotisme, sinon de le craindre, même dans ses bienfaits :

Timeo Danaos et dona ferentes.

Ces bienfaits, il paraît d'ailleurs que parfois il les impose. Ne peut-on pas être, en effet, hypnotisé malgré soi ou sans son consentement ? Nous avions

répondu, sur la foi de Bernheim, qu'on ne peut pas
l'être une première fois sans cette condition. Mais
le P. Coconnier (1) nous a prouvé par des faits em-
pruntés à Braid, à Ochorowicz, à Pitres, à Croq
(de Bruxelles), que l'on peut parfaitement être hypnotisé sans le vouloir et sans avoir jamais été en-
dormi précédemment, quand le tempérament s'y
prête, c'est-à-dire quand on a une sensibilité ner-
veuse très développée, quand on a des *zones hypno-*
tiques, c'est-à-dire des points qu'il suffit de toucher
pour qu'on tombe en hypnose.

Il y a plus : Forel et Albert Moll citent des faits
d'expérimentation ou de simple expérience qui prou-
vent que les hommes les plus forts, aussi bien ceux
qui bravent l'hypnotisme en se soumettant aux
moyens qui le procurent et en les défiant, que ceux
qui le fuient comme un serpent, sont plus ou moins
souvent victimes de ses tours, parfois même sans
se douter des tentatives dont ils sont l'objet.

Berger et Gschleiden ont souvent transformé le
sommeil naturel en sommeil hypnotique. Le même
fait a été produit par le général Noiset, et vérifié par
Liébeault, Delbœuf, Bailly, Forel. Enfin M. Herrero

---

(1) L'*Hypnotisme franc,* chez Lecoffre.

a prouvé, par ses expériences, que le sommeil chloro-
formique pourrait, au gré de l'opérateur, se trans-
former, comme le sommeil naturel, en sommeil hypnotique.

Bernheim a déclaré au P. Coconnier qu'il a tout
fait pour obtenir les phénomènes de l'hypnotisme dits
transcendants et qu'il s'y est épuisé vainement. Qu'est-
ce que cela prouverait ? Rien, puisque d'autres les ont
obtenus.

IV

DES PHÉNOMÈNES ANALOGUES A CEUX DE L'HYPNOTISME. — TÉLÉPATHIE : SON IMPOSSIBILITÉ NATURELLE. — PRESSENTIMENTS NATURELS RARES ET IMPARFAITS.

Il est bien vrai qu'en dehors de l'hypnotisme il
reste des phénomènes naturellement inexplicables,
pour lesquels peut-être on s'est trop hâté de créer
des catégories. Telle est la *télépathie*, ou le don de
sentir les choses, non seulement à distance, mais
encore dans l'avenir, c'est-à-dire le don, pour l'âme
humaine, de se promener dans le domaine du non
être, puisque l'avenir est aussi nul pour notre per-
ception que le néant.

Que faut-il penser de cette communication faite par M. le chanoine Brettes à une séance de la *Société des sciences psychiques ?*

« La veille de l'incendie de la rue Jean-Goujon, un enfant de trois ans et demi, entendant sa mère dire qu'elle irait le lendemain au Bazar de la Charité, se mit aussitôt à pleurer en jetant des cris d'effroi.

« Le lendemain matin, la mère ayant répété devant l'enfant : « Nous irons au Bazar de la Charité cet après-midi », l'enfant se prit encore à pleurer et l'on eut toutes les peines du monde à le calmer. Néanmoins on le conduisit au Bazar. Tout le long de la route, il se démena, et dès qu'il eut pénétré à l'intérieur, il poussa de tels cris qu'on dut le conduire au dehors.

« Quelques minutes après, l'incendie éclatait. »

Mettons qu'il s'agit ici d'autre chose que d'un caprice d'enfant qui se trouve coïncider avec la catastrophe. Voyons-y le phénomène singulier dont parle M. Brettes.

Ce phénomène s'appelle donc *télépathie* : quand on ne peut expliquer les choses, on invente des mots : cela revient-il au même ? Nous n'oserions l'affirmer. La force *psychique*, *ecténique*, *neurique rayonnante*, cela vaut la *télépathie*, ni plus ni moins.

Il est permis peut-être à l'hypothèse de créer un télégraphe psycho-physiologique qui transmet la nouvelle des choses éloignées dans l'espace, non pas à toutes les machines humaines, mais aux plus sensibles seulement. Quant aux choses qui n'existent pas, c'est une tout autre affaire. Or l'avenir n'existe pas pour la connaissance humaine : donc l'homme ne peut le connaître naturellement par aucun moyen. Il faut qu'il en soit avisé par ceux qui peuvent le connaître de la sorte, ou d'une manière qui en approche ou semble en approcher : de lui-même, il ne s'en aviserait pas.

On nous dira : « Mais c'est un sentiment des causes présentes du fait pressenti. » — Est-ce bien ici le cas ?

Les purs esprits, nous dit la théologie, voient sûrement l'avenir dépendant des causes certaines qu'ils connaissent, et devinent plus ou moins obscurément l'avenir dépendant des causes libres dont ils ne peuvent connaître sûrement les déterminations plus ou moins probables.

Si les démons devaient être les perpétrateurs de l'incendie, en donnant, par exemple, une distraction fatale à l'auteur involontaire de l'accident, il ne leur était que trop facile de le prédire. Mais dans quelle intention cet avertissement ? Nous n'en savons rien. Si nous pouvions toujours percer jusqu'aux motifs profondément méchants de leurs bienfaits, ce serait alors que nous les surpasserions en intelligence.

Si nous écartons cette supposition, comme il s'agit d'un fait tout contingent, les démons sont totalement incapables de le voir à coup sûr en sa cause, et peut-être, en l'espèce, de deviner cette cause elle-même : une distraction.

Il ne resterait à supposer qu'un avertissement divin par le ministère des bons anges. Et pourquoi pas ? Dieu se sert de tous les êtres pour nous donner des avis. Pourquoi l'ange, à son tour, ne se servirait-il pas comme ambassadeur d'un enfant innocent ? A moins que l'enfant ne fût le seul but de son charitable avis. C'est un chien mystérieux qui empêche dom Bosco de sortir une nuit dans la rue où des brigands l'attendaient.

— Vous préférez, nous dira-t-on, l'explication surnaturelle comme étant plus facile.

— Non pas comme étant plus facile, mais comme étant seule possible, si le pressentiment et le fait sont vraiment liés l'un à l'autre comme l'objet de connaissance au sujet connaissant, et si leur accord n'est point un pur hasard.

Il est impossible, en effet, que l'homme perçoive naturellement ce qui n'est pas, qu'il le pressente dans sa cause qui n'existe pas encore, qu'il pressente cette cause elle-même qui sera toute fortuite. Ce qui est impossible n'est pas, n'a pas été, ne sera jamais.

Il y a bien un pressentiment qu'on peut dire naturel, mais ce pressentiment est vague, incertain ; encore ne peut-il exister qu'à la condition de tomber sur une cause présente des faits futurs, si obscure soit-elle. Nous avons parfois des motifs obscurs pour agir ou pour conclure, nous pouvons en avoir aussi pour prévoir : *Le cœur a ses raisons que la raison ne connaît pas.*

Mais lors même que les faits leur donnent raison, il n'est pas prouvé qu'ils n'auraient pu leur donner tort, qu'ils ne donnent pas tort à de tels pressentiments dans plus de la moitié des cas. Après cet accord, enfin, du pressentiment et du fait, si remarqué dans les rares cas où il éclate, les pressentiments démentis par les faits passent inaperçus, étant si ordinaires qu'on ne s'y arrête même pas.

En résumé, nous ne croyons pas plus à la *seconde vue* qu'au *mauvais œil*. S'il y a des personnes qui devinent plus souvent l'avenir que les autres, c'est

qu'elles ont plus de cet *esprit fin* dont parle Pascal,
qui voit clair dans les choses pratiques, par conséquent dans les causes, même obscures, ou de ce
sentiment qui, sans remplacer l'esprit, comme on le
prétend, l'avive et l'excite, parce qu'il lui sert de
sentinelle.

Mais nous le répétons, dans l'histoire de cet enfant
de trois ans, comme dans celui de la religieuse qui
avait aussi déclaré qu'elle ne reviendrait pas de la
vente de charité, ce n'est pas le cas, et la finesse
humaine n'avait rien à y voir. Tout au plus pouvait-
on se dire que ce bâtiment tout en bois eût aisément
pris feu et, qu'en cas d'incendie, sa disposition et sa
situation devaient rendre la fuite difficile. Une divination plus profonde n'appartiendrait qu'à une
nature supérieure, et la prévision certaine, infaillible,
n'appartient qu'à Dieu.

Mais voilà bien l'homme, toujours prêt à s'enfler,
à reculer en imagination les bornes de sa propre
nature, toujours prêt à en sortir, s'il le pouvait, toujours prenant son élan vers un au-delà chimérique
et, comme au temps du bon Horace,

Écartant pour passer même la main des dieux.

V

L'HYPNOTISME TRANSCENDANT, CONTRAIRE EN CERTAINS FAITS A DES NOTIONS FERMEMENT ACQUISES, EST, PAR LA-MÊME, RECONNU PRÉTERNATUREL EN CES FAITS. — LA SCIENCE ET LES SCIENCES, DEUX CHOSES TRÈS DIFFÉRENTES.

On se demande quelquefois, parmi les catholiques, comment distinguer, entre les faits étranges dont notre âge est souvent témoin, ceux qui sont ou de l'ordre naturel ou de l'ordre préternaturel. Car enfin, nous ne connaissons pas, nous ne connaîtrons jamais tous les pouvoirs de la nature, et les faits que nous osons lui soustraire, ne devrions-nous pas toujours prendre soin plutôt de les lui réserver ? — S'il en était ainsi, la distinction serait à tout jamais impossible ; mais nous verrons bientôt, si nous ne l'avons pas compris déjà, qu'il n'en est point ainsi, qu'il ne faut pas nécessairement tout connaître dans la nature, pour savoir ce qui est sûrement naturel ou sûrement préternaturel ; qu'il suffit de savoir appliquer à l'occasion certains principes très simples comme très évidents.

Voici deux choses qui préoccupent aujourd'hui
beaucoup d'esprits : le spiritisme et l'hypnotisme.
Pour juger le premier, on n'est point embarrassé ou
c'est qu'on veut bien l'être. L'insignifiance des causes
prétendues, l'énormité des effets, leur variété sous
une même cause, du moins apparente, leur incons-
tance, leurs caprices impossibles à prévoir, montrent une force libre et désordonnée comme auteur
des faits spirites. Dans l'hypnotisme, au contraire,
il y a comme une correspondance infaillible du pouvoir de l'hypnotiseur à la docilité constante de l'hypnotisé. Cela suffit pour lui donner une couleur quelque peu physiologique.

Mais il ne suffit pas, pour connaître une chose,
de pouvoir en expliquer une partie, relativement peu
considérable, d'ailleurs. La science n'aura conquis
de l'hypnotisme que ce qu'elle en aura nettement
expliqué, et elle perd le reste à tout jamais si on lui
prouve, par la première des sciences, qu'il est humainement inexplicable et même impossible.

Aujourd'hui, quand on a dit : *la science !* on a tout
dit. Il y a cependant deux choses qu'il faut se garder
de confondre ; ces deux choses sont un singulier et
un pluriel : *la science* et les *sciences*. Celles-ci sont
une réalité, l'autre n'est qu'une abstraction.

Chaque science a son objet spécial et déterminé : toute science est un ensemble coordonné de connaissances fermes. Mais la *science* est-elle un ensemble coordonné de toutes les sciences ?

Comment des sciences mêlées de définitif et de provisoire, de ciment romain et d'un plâtre friable, pourraient-elles se coordonner dans un même édifice avec les sciences toutes rationnelles comme les mathématiques ?

La science, telle qu'on l'entend aujourd'hui, est un terme équivoque, parce que c'est une chose équivoque. Aussi a-t-on pu lui appliquer les assertions les plus contradictoires. Ce n'est point des sciences, c'est de la science que Brunetière a dit qu'elle a fait banqueroute.

Chaque science, en effet, donne ce qu'elle promet, la grande Science promet, et c'est tout ; elle signe des billets et elle n'y fait point honneur. Mais à chaque faillite, ses magnanimes créanciers s'empressent de lui consentir des concordats et elle s'en tire à bon compte. Imitant ces notaires qui ne se contentent pas de dresser des actes et qui font la banque, elle avait promis à tous, en échange de leur confiance, le bien-être matériel et la joie de l'âme : où sont-ils ?

Chaque science, dans sa sphère, contribue au

bien-être matériel et moral de l'homme, il en est même qui l'acheminent à la connaissance des vérités religieuses. Mais, quant à cette science universelle et fictive, on peut bien lui dire, à ce fantôme orgueilleux, ce que Brutus disait à sa fausse vertu stoïcienne : *Tu n'es qu'un nom !*

Pourtant, si ce besoin d'harmonie qui est naturel à l'esprit humain cherche dans la science, comme en toutes choses, l'unité, c'est que toutes les sciences ont un point de départ commun dans cette science méconnue de tant de savants, qui est, non plus un même mot appliqué à des choses diverses, mais en réalité, la science fondamentale, l'analyse du bon sens, le dépôt des principes spéciaux d'où sort chaque science et des principes universels qui les régissent toutes : la philosophie, la vraie, celle d'Aristote et de saint Thomas, à laquelle la science et l'autorité de Léon XIII ont rallié tous les catholiques.

Il serait insensé d'entrer dans un labyrinthe tel que l'étude de l'hypnotisme sans se munir de ce flambeau. Avant de chercher la nature d'un fait, ses causes, il faut savoir ce que c'est que la nature, ce que c'est qu'une cause, et quelles sont les conditions qui s'imposent à la nature et aux causes diverses pour régler leur action, quelles sont, en d'autres termes, les limites de telle ou telle nature et de telle ou telle cause. Sans quoi l'on ne peut que demeurer ébahi devant les faits, ou remplacer l'ébahissement naïf et logique de la simple ignorance par l'orgueil d'une ignorance qui se croit savante, ou d'une science qui ne se sait pas ignorante.

Les conclusions à tirer des faits hypnotiques se présentent moins aisément, il est vrai, que celles qu'on donne forcément aux faits spirites. Le spiritisme opère le plus souvent au moyen d'objets inanimés : l'homme ne sert que d'opérateur pour les mettre en branle. L'étude en est simple comme les lois de la physique : il est aisé de voir si un fait leur obéit ou s'il leur contredit et les nargue. Ici tout est compliqué comme l'homme, sujet de l'opération, et celle-ci, loin de simplifier la nature humaine, semble la charger encore d'éléments nouveaux.

Mais quand même on retrouverait dans les actes du sujet hypnotisé l'action de certaines lois physiologiques, cette action, pour être une preuve du caractère purement naturel de l'hypnotisme, aurait besoin d'être la cause totale de ses phénomènes : si un seul lui échappe, c'est qu'une autre force se joint à la sienne. L'action physique ou physiologique, ou l'acte humain peuvent, en effet, coexister dans une même opération avec l'action démoniaque : il y a plus, celle-ci ne va pas sans l'action physiologique dans tout prestige qui a l'homme pour sujet.

Le prestige est un abus des lois de la nature arrivant à produire des effets d'apparence miraculeuse. Mais les démons ne font pas que des prestiges : ils imitent la nature comme le miracle. Nous-mêmes, ne parvenons-nous pas à faire prendre l'art pour la nature à des gens moins savants que nous ?

Qui pourrait douter que les démons n'y réussissent quelquefois à notre égard ?

Ils se servent, pour nous tromper et pour nous nuire, des agents naturels, comme nous nous servons d'un instrument selon son aptitude instrumentale et jamais au-delà. Autrement, ils feraient des miracles. Si, non content de modifier par quelque ingénieux procédé l'action de la nature, Satan pouvait lui imposer un complet silence, il ne resterait plus qu'à l'adorer comme un dieu.

La nature est ordinairement sans prestige, mais le prestige n'est jamais sans la nature. L'action démoniaque peut apparaître à ceux qui ont des yeux, mais des yeux pour voir, aussi bien sous la fausse spontanéité de la nature que sous le faux miracle.

Il est même à croire que dans les siècles d'incrédulité, il lui est plus avantageux de singer la nature que le miracle. La nature est *subtile et retorse,* nous dit Bacon. — Oui, mais le diable est encore plus *subtil et retors !*

Vous me direz que les interventions démoniaques qui se renferment dans l'imitation de la nature sont bien malaisées à découvrir, et ces prestiges à l'envers plus malins que les autres.

D'accord. Mais enfin nous connaissons quelque chose de la nature physique et beaucoup de la nature humaine. Nous avons des points de science communs avec les savants des enfers, et si nous ne pouvons lutter de ruses avec eux, parfois notre droiture, avec l'aide de Dieu, peut vaincre leur fourberie. Il est vrai qu'ils ont de naissance toute notre science future. Mais la science présente nous est acquise, elle peut être complétée, mais non pas démentie : ce qui la contredit dans ses notions fermes n'est pas naturel.

VI

PRINCIPES ARISTOTÉLICIENS ET THOMISTES DE TOUTE
SOLUTION DES QUESTIONS D'HYPNOTISME. — DANGER
DES ÉQUIVOQUES : SUGGESTION ET SUGGESTION ;
ORDRES ET CONSEILS.

J'insiste sur ces réflexions.

Tout ce qui est intrinsèquement possible est possible à Dieu : ces deux termes sont identiques. Mais
il n'y a de possible au démon que ce qui est en principe et en germe dans la nature créée. Un vrai miracle ne peut leur être attribué. Il ne peut que mettre
en action la cause capable de produire les effets qu'il
a en vue, non lui arracher des effets dépassant son
aptitude instrumentale, ou lui faire subir des états
supérieurs à la puissance passive de son être.

La grande difficulté sera toujours de savoir si tel
phénomène donné d'hypnotisme appartient ou à la
nature ou au prestige, ou à l'action démoniaque sans
prestige. Car du miracle, il n'en peut être question
dans une opération qui manque de toute majesté,
pour ne pas dire de toute dignité.

L'Evangile nous ordonne de juger de *l'arbre par*

ses fruits. Oui, quand il en a. Mais en les attendant à venir, le spécialiste en juge par son bois et, sur cette simple inspection, le classe dans son *essence*. On doit donc essayer d'abord de juger une opération et son auteur en eux-mêmes.

La qualité de l'opération dépend de la nature de *ce qui* opère, et de ce *sur quoi* et de ce *par quoi* l'on opère.

La nature d'un être, c'est l'état ferme où le constitue sa naissance : *natus, natura*. Elle ne saurait être changée ni par les *actions* ni par les *passions* de cet être-là, c'est-à-dire, ni par ce qu'il fait ni par ce qu'il subit.

Comme l'*opération suit l'être*, qu'elle est de même nature que la substance opérante, l'homme ne peut opérer qu'en homme et l'ange qu'en ange ; Dieu seul opère en Dieu.

Par cette même raison, qui s'applique à la fois à l'agent et à la substance passive, ni l'homme ni l'ange ne peut opérer sur l'objet qu'il veut atteindre, ni sur le moyen dont il se sert pour l'atteindre, que selon leur nature.

Voilà les bornes de l'action humaine ou démoniaque.

Dieu seul agit sans condition, sans moyen, sans

matière préexistante, parce qu'il est créateur. Aussi
le miracle est-il souvent une création même. La
résurrection d'un mort, la réparation subite d'une
chair corrompue ou détruite, voilà des œuvres dont
l'homme et le diable sont pareillement incapables,
parce que la matière créée ne s'y prête pas. L'éternel
menteur ne peut apporter, à titre de bienfait surnaturel à la maladie incurable, que des améliorations
passagères ou des palliations.

Il y a donc, entre l'œuvre de Satan et celle de Dieu,
non seulement la différence infinie du caractère moral, mais encore la différence infinie du caractère
physique. Mais, du démon à l'homme, il n'y a que des
degrés de puissance et des différences de procédés qui
tiennent à la différence et aux inégalités des deux
natures. Ainsi le prestige démoniaque ressemble
mieux à l'œuvre humaine qu'à l'œuvre divine.

On a trouvé qu'en réduisant le diable à l'usage
et à l'abus des lois naturelles pour arriver à ses
fins, je ne lui accorde pas assez. — Ah! si cela
dépendait de moi, je lui en accorderais encore bien
moins.

Mais je n'ai fait que suivre, en la développant
logiquement, la doctrine de saint Thomas sur les

pouvoirs angéliques. On ne peut guère faillir avec un tel maître.

La nécessaire ressemblance de l'œuvre démoniaque à l'œuvre humaine et à l'œuvre naturelle, rend parfois l'artifice infernal difficile, mais non pas impossible à démasquer. Cela dépend de la complication des cas et il y en a de fort simples. Tel est, croyons-nous, le secret de la nuit mêlée de quelque lumière obscure qui plane et planera peut-être toujours sur l'hypnotisme. Mais c'est déjà beaucoup de connaître ce secret, une telle connaissance ne servît-elle qu'à délivrer l'esprit humain de vaines espérances capables de le détourner des véritables études scientifiques, en l'égarant à poursuivre des feux follets.

Pour ne point s'égarer trop loin dans ces marais illuminés de l'hypnotisme, il faut toujours avoir présent à l'esprit l'axiome que saint Thomas, avec toute l'école, a reçu d'Aristote : *l'opération suit l'être*, et se dire, après avoir bien considéré chaque phénomène : « Cette opération est-elle humaine ? est-elle angélique ? » Nous ne croyons pas qu'aucun progrès de la science puisse changer ce critérium.

Qu'on ne nous reproche donc point d'avoir si longtemps discuté sur une matière obscure pour en laisser presque tous les points dans l'obscurité : car cette obscurité n'est pas l'indécision : elle sert, au contraire, à nos preuves, elle en est une.

N'avons-nous pas déjà gagné quelque chose si nous avons montré cette obscurité, si nous avons fait toucher du doigt ces *ténèbres palpables*. Eh quoi ! depuis soixante ans et plus que la science officielle a continué sans interruption cette étude si ancienne et, comme on l'a très bien dit, si souvent oubliée, si souvent réapprise, les écoles ne sont pas encore convenues de son caractère naturel et natif ! Charcot affirme qu'on ne peut suggérer sans endormir, il affirme aussi la régularité des crises hypnotiques ; Bernheim assure non moins énergiquement que le sommeil n'est nullement nécessaire à la suggestion et que les crises préliminaires peuvent être supprimées ; Charcot s'en prend seulement aux hystériques, Bernheim endort tout le genre humain ; bien mieux encore, on dit que depuis quelque temps les suggestions vigiles lui suffisent ; les exceptions sont si infimes qu'elles ne servent qu'à confirmer la règle, et il professe en outre qu'il faut avoir toute sa volonté pour pouvoir l'aliéner, que l'*aliéné*, par conséquent (ainsi que le mélancolique et l'hypocondriaque), est presque impossible à hypnotiser. Et qu'y a-t-il pourtant de plus assimilable, pour le caractère moral, que le mélancolique et l'hystérique ?

— Mais avec l'hypnotisme, nous dit le **P. Cocon-**nier, les médecins font merveille. — Je crois bien que Bernheim guérit quand il peut, et cela lui arrive, à ce qu'il paraît, souvent. C'est une supériorité incontestable sur feu Charcot, qui conservait précieusement ses hystériques. Témoin ce malade de la Salpêtrière guéri miraculeusement à Lourdes d'une *helvide périphérique*, Pascal Poirier, qui a raconté au bureau des constatations avec quelle vivacité le bonhomme modérait parfois le zèle thérapeutique de ses élèves : « Assez, ne l'électrisez pas trop... assez ! car s'il venait à guérir, je n'aurais plus de sujet. »

On dit bien que la suggestion, avec son caractère impérieux, peut faire un grand bien moral, corriger des habitudes d'intempérance ou d'autres vices, comme s'il s'agissait, pour moraliser l'homme, de détruire la volonté et non de la fortifier ! Et où serait le mérite de la vertu avec ce nouveau mode de direction de la conscience, qui remplacerait le confesseur par l'hypnotiseur ?

Il est bien vrai que l'on a essayé et qu'on y a même réussi. L'école de Nancy a guéri un ivrogne invétéré, j'entends guéri pendant deux ou trois ans ; puis il est retombé et il est mort dans la crapule la plus abandonnée.

On raconte bien aussi l'histoire d'un enfant qui ne voulait pas faire sa première communion. « Un docteur célèbre, dit M. Guibert, est appelé, qui l'endort et lui suggère d'apprendre son catéchisme, etc. L'enfant devient docile et le docteur n'a plus besoin de l'endormir pour lui donner *ses ordres, ses conseils* à l'état de veille suffisent désormais. » Telles sont les expressions mêmes de M. Guibert dans sa remarquable et brillante étude sur l'hypnotisme.

Il s'agirait de savoir si l'enfant a obéi à un ordre du docteur en question, ou s'il a simplement cédé à ses sages conseils. Dans ce dernier cas, la suggestion hypnotique se confondrait avec la suggestion ordinaire et se cacherait, en quelque sorte, sous son manteau.

VII

LA SÉRIE CONTINUE DES PHÉNOMÈNES HYPNOTIQUES, SIMPLES OU ÉTRANGES. — LA NATURE POSSÈDE-T-ELLE EN L'ESPÈCE ?

Ce que nous disons de l'hypnotisme transcendant, d'autres le disent de tout l'hypnotisme et nous venons, épisodiquement et sans y avoir songé tout d'abord, d'entrer dans le domaine où la théologie du P. Coconnier lui reconnaît tout droit de franchise.

« A-t-on remarqué, dit M. l'abbé Elie Blanc (1), le pouvoir absolu, pour ainsi dire, que les hypnotistes exercent sur leurs sujets dans certaines suggestions ? C'est une véritable possession. Charcot lui-même, dans une tout autre intention que la nôtre, s'était plu à montrer les ressemblances frappantes entre les possédés d'autrefois, dont les traits sont fixés par les peintres contemporains, et les sujets les plus remarquables de la Salpêtrière. Il peut donc sembler que le véritable possesseur de l'hypnotisé (je parle surtout des cas les plus extraordinaires) n'est pas l'hypnotiste : car il ne connaît pas assez le mécanisme si mystérieux du cerveau pour en jouer avec cette virtuosité ; il ne connaît pas le siège exact des diverses facultés, ni surtout les conditions de leur exercice. Le sût-il, qu'il ne pourrait agir efficacement par de simples paroles. Comment ! Voilà un sujet qui, dans l'état normal, ne relève que de lui-même et de son libre arbitre ; vous pouvez réussir à le persuader, mais vous n'avez aucun empire direct, ni surtout aucun empire despotique sur lui. Et par-

(1) La *Suggestion hypnotique.* Paris, chez Vittle.

ce que vous l'avez plongé dans je ne sais quel sommeil (on dit même que le sommeil n'est pas nécessaire), parce que vous l'avez plongé dans cet *état
second* que vous ne savez même pas définir et que
vous provoquez sans bien savoir comment, il vous
appartient corps et âme ! il souffre, il jouit, il sent
vivement ou ne sent point du tout, oublie complète-
ment ou se souvient à merveille, ne voit et n'entend
que vous, ou bien, au contraire, ne vous connaît pas
plus que si vous n'existiez pas ; bref, vous disposez
de lui mieux que de vous - même et de vos propres
facultés !... Il me semble qu'ici, vous n'êtes plus
l'agent principal du phénomène, mais le simple instrument d'un esprit qui se joue, à la fois, du sujet et
de vous-même. »

Le P. Franco avait déjà insisté avec une grande
force d'attention sur le caractère d'unité de l'hypnotisme, transcendant ou non, avec le spiritisme,
unité bien visible, selon lui, dans la gradation presque insensible et ininterrompue du plus simple
phénomène hypnotique au plus effrayant prodige
spirite. L'abbé Blanc fait valoir d'une manière nouvelle ce grave argument du savant jésuite italien :

« La continuité historique de l'hypnotisme paraît
certaine. Cette continuité est peut-être plus évidente

encore dans la pratique et dans les faits. Tout s'en-
chaîne, en effet, dans l'hypnotisme, depuis les phénomènes les plus simples jusqu'aux plus extraordinaires. Un hypnotiste, par exemple, profite du sommeil
naturel d'une personne pour entrer en conversation
avec elle et lui suggérer doucement d'abord, impé-
rieusement ensuite, toutes les idées qu'il lui plaît. »

Alors, après avoir montré la chimère de l'inven-
tion des *moi inconscients* ou *subconscients*, surve-
nant pour expliquer tout ce qu'il y a d'extraordinaire
dans les suggestions et même dans les visions du
somnambule lucide, il répond ainsi à la principale
objection des naturalistes en cette matière :

« Mais enfin, me dira-t-on, prétendez-vous que tous
les phénomènes hypnotiques sont préternaturels en
eux-mêmes ? — Je ne le prétends point, et la question,
d'ailleurs, est mal posée ainsi. La nature est partout :
il y a de la physique, de la mécanique, de l'automa-
tisme, de la physiologie et surtout de la psychologie
dans tous les phénomènes, depuis le simple sommeil
nerveux jusqu'aux faits les plus extraordinaires.
Mais il s'agit de savoir si, à côté des forces naturelles, il n'y a pas, dans certains cas, des agents
supérieurs qui s'en servent. Car enfin, les esprits
mauvais ou les démons, avec lesquels il nous faut

bien compter en définitive, peuvent se servir des forces naturelles avec une habileté bien plus grande que la nôtre. Tels phénomènes peuvent donc être purement naturels dans certains cas et surhumains dans certains autres : ainsi le songe, le somnambulisme, la léthargie et la catalepsie, une foule de maladies ou d'états nerveux, surtout s'ils surviennent sans cause apparente et disparaissent avec une extrême facilité, par exemple au simple commandement.

« Oui, sans doute, l'homme est sujet, hélas ! à une foule de maux, suite lointaine du péché originel, qui peuvent être parfaitement naturels, d'ailleurs : folies dangereuses ou manies ridicules, penchants mauvais et comme irrésistibles, impulsions homicides et monstrueuses, idée fixe de se détruire, etc. Mais, dans certains cas, ces désordres peuvent avoir pour cause principale un agent spirituel et mauvais, qui s'est emparé plus ou moins des facultés de l'homme qu'il obsède ou qu'il possède. Qu'on lise, par exemple, à ce sujet, l'ouvrage récent du docteur Hélot : *Névroses et possessions diaboliques*, approuvé par le Cardinal Archevêque de Rouen, sur le rapport favorable du professeur de théologie morale au grand séminaire de Rouen.

« C'est devant ces phénomènes extraordinaires et équivoques qu'il faut être attentif à toutes les circonstances, aux circonstances morales surtout. Elles seules, bien souvent, nous permettent de savoir ou de conjecturer que les limites naturelles sont franchies.

« Or, c'est précisément après avoir étudié avec soin toutes les circonstances de la suggestion hypnotique, tous ses tenants et aboutissants, que l'on devra conclure que si elle n'est pas toujours diabolique, elle est toujours suspecte.

« En vain nous objectera-t-on ici que l'on ne doit pas supposer dans les phénomènes hypnotiques d'autres forces que celles de la nature jusqu'à preuve évidente du contraire, parce que *la nature possède.* — Je réponds que l'on ne doit pas présumer avec cette confiance que la nature seule agit dans ces phénomènes, puisqu'ils forment une série continue qui va se perdre dans le spiritisme et dans l'occultisme. Donc, ils sont gravement suspects à cause de ce voisinage et de ces affinités.»

Ce qui nous étonne, c'est que cette réflexion ne semble pas avoir arrêté certains théologiens et philosophes éminents, qui nous semblent écarter systématiquement tous les phénomènes inexplicables, soit

en les niant soit en les déclassant. Ainsi n'a pas pensé
Mgr Méric, qui juge qu'ils tiennent à l'intégrité du
sujet. Nous comprenons bien mieux que ce point de
vue ait saisi le P. Franco, plus intuitif encore que
logicien.

Et en effet, si le magnétisme et l'occultisme entrent
pratiquement dans l'hypnotisme, je défie la théorie,
armée des arguments les plus tranchants, les plus
aigus et les plus fourchus, de mettre ces prétendus
intrus à la porte !

VIII

DANS LE DOUTE, ABSTIENS-TOI. — LETTRE DU DOCTEUR HÉLOT A L'AUTEUR. — CONCLUSION DE L'OUVRAGE.

Le docteur Hélot, médecin de l'hôpital de Bolbec,
dans son beau livre *Névroses et possessions diaboliques* (1), examine à l'occasion les divers systèmes
imaginés pour expliquer naturellement tous les cas
d'hypnotisme, même les plus étranges, et il n'a pas de
peine à les réduire à néant au moyen d'une analyse

(1) Bloud et Barral.

simple, fine et claire. Sans manquer au respect dû à
la mémoire et au talent de M. Schneider, nous croyons
que le docteur de Bolbec a raison contre lui. Certes,
Bernheim, que ce dernier prend surtout à partie, n'est
pas non plus chez lui traité en oracle. Appelé depuis
trente ans par les archevêques successifs de Rouen,
comme témoin, à tous les exorcismes, courageux
toujours, héroïque à l'occasion, comme le constate
le savant examinateur diocésain, dans les combats
corps à corps avec les démons, témoin d'une étrange
possession qui dure depuis vingt-cinq ans et que
l'exorcisme a soulagée souvent sans pouvoir y mettre fin, le docteur a nécessairement appris à connaître
quelque chose des ruses de l'enfer.

« Quiconque est tant soit peu au courant des
mœurs démoniaques, nous écrivait-il en novembre
1897, et a pu expérimenter dans les exorcismes la
ténacité, la finesse, l'hypocrisie, les ruses des démons,
l'art vraiment infernal qu'ils mettent à profiter de la
moindre faute, de l'occasion la plus insignifiante, de
l'avance, en apparence, la plus innocente, ne man-
quera pas de se tenir grandement sur ses gardes. »

Aussi, même dans les phénomènes que tant d'autres
regardent comme naturels, il soupçonne le plus souvent l'intervention de l'éternel menteur. Et la conclu-

sion de ses réflexions sur l'hypnotisme, c'est que tous
les docteurs médecins devraient purement et simplement s'en abstenir.

Le plus discret peut-être des hypnotistes célèbres,
Bernheim, nous l'avons dit, ne trouve pas grâce
devant lui. Il est vrai qu'il ne le connaît que par ses
livres :

« J'aurais peut-être, nous écrit-il, trouvé à Nancy
des arguments nouveaux contre l'hypnotisme, je
doute que le docteur eût grandement ébranlé mon
opinion, car il doit avoir mis dans son livre la quin-
tessence de sa doctrine et publié ses plus beaux
succès ; naturellement, il parle peu de ses déboires.
Je sais que depuis quelque temps il paraît avoir
renoncé à l'hypnotisme proprement dit et n'emploie
plus guère que la suggestion sans sommeil. C'est du
moins ce qui semble résulter de ses dernières publi-
cations, et ses succès, dit-on, n'auraient pas dimi-
nué. Le fait est à vérifier. Mais fût-il constaté, y
aurait-il lieu d'être rassuré ?

« La suggestion naturelle sans sommeil n'est pas
une chose nouvelle. Elle est employée tous les jours
par les médecins d'une manière plus ou moins cons-
ciente. Que l'on puisse la régler, la perfectionner, la
rendre plus efficace, le fait n'est pas douteux. Le doc-

teur Bernheim, par l'étude qu'il en a faite, est-il arrivé à des résultats plus heureux et plus étonnants que ses confrères ? Rien n'est plus naturel. Ses agissements, tant qu'il s'en tiendra à la règle posée par les théologiens de ne demander à des causes physiques, physiologiques et morales, que des effets physiques, physiologiques et moraux, sont parfaitement licites. La guérison de certaines maladies, dans ce cas, n'a rien, en apparence, qui doive inquiéter la conscience.

« Le sommeil somnambulique lui-même, imposé accidentellement, peut être naturel, comme le pensent presque tous les médecins et la plupart des théologiens. Mais, cependant, le sommeil voulu et consenti en vient si facilement à produire des effets évidemment extranaturels et diaboliques que l'on doit, à mon avis, se méfier et s'abstenir de le provoquer, car il paraît être au moins une condition favorable à l'action diabolique.

« Telle est la pensée de mon livre. Je ne vais pas plus loin et cela suffit. A quoi bon se torturer pour juger certains faits qui se produisent dans l'hypnose et seraient peut-être susceptibles d'être expliqués naturellement ?...

« La question se trouve ainsi retournée et prati-

quement très simplifiée. Ce n'est plus à nous, catholiques, qui avons montré le caractère au moins accidentellement diabolique de l'hypnose, de nous pré-
occuper de tracer les limites si difficiles à fixer entre
le surnaturel et le naturel, c'est à nos adversaires
de prouver que tels phénomènes incriminés sont
purement naturels.

, « Quant à nous, nous n'affirmons rien que nos
doutes bien justifiés, et en attendant qu'on daigne
les lever, nous suivons prudemment l'adage : *Dans
le doute, abstiens-toi.* Vous ne nous avez livré jusqu'ici que du vin mélangé, il est juste que vous nous
prouviez la bonne qualité de celui que vous nous
offrez et qui vient de la même barrique.

« — Mais cette peur, chimérique peut-être, ne
va-t-elle pas nous priver des nombreux bienfaits qui
nous sont offerts ? — Nous avons montré que ces
prétendus bienfaits de l'hypnose étaient très sur-
faits et largement compensés par des dangers et,
comme vous le dites, par des *méfaits* trop réels.

« Revenons à la suggestion sans sommeil. Personne n'a jamais songé à l'incriminer : s'ensuit-il
qu'on doive s'y livrer en sûreté de conscience avec
le premier venu ? Je ne mets en doute ni la bonne
foi ni l'honorabilité du docteur Bernheim ; mais ne

doit-on pas craindre qu'un hypnotiseur qui a si longtemps pratiqué et *obtenu, malgré ses réserves, des
effets si suspects*, n'éprouve aujourd'hui quelque
difficulté à se défaire de ses habitudes et n'en con-
serve quelque chose, même lorsqu'il paraît y avoir
renoncé.

« Il y a un entraînement souvent inconscient pour
le magnétiseur aussi bien que pour le magnétisé. La
puissance du premier s'accroît par la pratique,
comme l'aptitude hypnotique du second s'augmente
par la répétition des exercices....

« Ce n'est pas à nous, laïques, ajoute le docteur
Ch. Hélot, à tracer aux confesseurs une ligne de
conduite ; mais il est un point sur lequel nous devons
insister, parce que, même dans le clergé, on rencontre souvent à ce sujet de grandes illusions : c'est
qu'il ne suffit pas de renoncer par avance à toute
action des démons pour éviter leur intervention. »

Et il conclut ainsi sa lettre si instructive que nous
avons citée presque tout entière. :

« Tel est, monsieur, l'exposé sommaire de mes
opinions au point de vue pratique. Théoriquement, il
va sans dire qu'on ne pourra jamais affirmer l'action
diabolique tant que les signes réputés certains n'au-
ront pas été recueillis. Beaucoup me trouveront

sévère et trop affirmatif; mais dans un siècle d'incrédulité comme le nôtre, en présence des impru-
dences que l'on voit journellement commettre, trop
de sévérité ne peut nuire, trop de condescendance
peut conduire à l'abîme.

Quant aux plats incrédules qui riront, aux grands
savants qui ne peuvent croire qu'à leur infaillibilité
si douteuse, nous n'avons rien à en attendre : à quoi
bon tant les ménager ? »

Dans une lettre subséquente, le docteur, faisant
allusion à des critiques qui le visent, nous dit, et
nous le croyons sans peine, *qu'elles le touchent mé-
diocrement* : « J'ai crié casse-cou peut-être trop tôt,
peut-être trop fort, peut-être même sans raisons suffi-
santes : qu'importe ? Mon cri d'alarme ne fera de mal
à personne. Je serai tout au plus un gêneur, un em-
pêcheur de danser en ronde pour les curieux qui
veulent absolument voir le fond de l'abîme. Mais si
mon avertissement trop hâtif peut arrêter seulement un imprudent et prévenir une chute, quelle
bonne inspiration mon bon ange m'aura donnée !
Ceux qui connaissent le diable seront de mon avis.
Tout le monde y viendra. »

Je m'arrête sur cette prophétie d'un savant très
chrétien et non moins modeste que convaincu.

TABLE DES MATIÈRES

www.ingramcontent.com/pod-product-compliance
Lightning Source LLC
Chambersburg PA
CBHW070938280326
41934CB00009B/1925